sekolah - Schule	2
perjalanan - Reise	5
transportasi - Transport	8
kota - Stadt	10
pemandangan - Landschaft	14
restauran - Restaurant	17
supermarket - Supermarkt	20
minuman - Getränke	22
makanan - Essen	23
pertanian - Bauernhof	27
rumah - Haus	31
ruang tamu - Wohnzimmer	33
dapur - Küche	35
kamar mandi - Badezimmer	38
kamar anak - Kinderzimmer	42
pakaian - Kleidung	44
kantor - Büro	49
ekonomi - Wirtschaft	51
pekerjaan - Berufe	53
alat - Werkzeuge	56
alat musik - Musikinstrumente	57
kebun binatang - Zoo	59
olahraga - Sport	62
aktivitas - Aktivitäten	63
keluarga - Familie	67
badan - Körper	68
rumah sakit - Krankenhaus	72
darurat - Notfall	76
bumi - Erde	77
jam - Uhr	79
minggu - Woche	80
tahun - Jahr	81
bentuk - Formen	83
warna-warna - Farben	84
berlawanan - Gegenteile	85
angka-angka - Zahlen	88
bahasa-bahasa - Sprachen	90
siapa / apa / begaimana - wer / was / wie	91
dimana - wo	92

AF221620

Impressum
Verlag: BABADADA GmbH, Nedderfeld 112 , 22529 Hamburg
Geschäftsführer / Verlagsleitung: Harald Hof
Druck: Books on Demand GmbH, In de Tarpen 42, 22848 Norderstedt

Imprint
Publisher: BABADADA GmbH, Nedderfeld 112 , 22529 Hamburg, Germany
Managing Director / Publishing direction: Harald Hof
Print: Books on Demand GmbH, In de Tarpen 42, 22848 Norderstedt

sekolah
Schule

ruang kelas
Klassenzimmer

membagi
dividieren

186/2

papan
Tafel

halaman sekolah
Schulhof

guru
Lehrer

kertas
Papier

menulis
schreiben

pena
Stift

meja kerja
Schreibtisch

penggaris
Lineal

buku
Buch

murit
Schüler

tas sekolah
....
Ranzen

tempat pensil
....
Federmappe

pensil
....
Bleistift

pengasah pensil
....
Bleistiftanspitzer

penghapus
....
Radiergummi

kertas gambar
....
Zeichenblock

gambar

Zeichnung

kuas

Pinsel

kotak cat

Malkasten

gunting

Schere

lem

Klebstoff

buku latihan

Übungsheft

pekerjaan rumah

Hausaufgabe

12

angka

Zahl

2+2

tambhakan

addieren

5-2

mengurangi

subtrahieren

2×2

mengalikan

multiplizieren

menghitung

rechnen

A

huruf

Buchstabe

ABCDEFG HIJKLMN OPQRSTU VWXYZ

alfabet

Alphabet

hello

kata

Wort

teks

Text

membaca

lesen

kapur

Kreide

pelajaran

Stunde

daftar

Klassenbuch

ujian

Prüfung

sertifikat

Zeugnis

seragam sekolah

Schuluniform

pendidikan

Ausbildung

ensiklopedi

Lexikon

universitas

Universität

mikroskop

Mikroskop

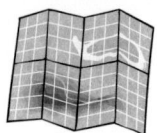

peta

Karte

tempat sampah

Papierkorb

perjalanan
Reise

hotel
Hotel
Grand
hostel
Herberge
ROOMS
EXCHANGE
kantor pertukaran mata uang
Wechselstube
koper
Koffer
mobil
Auto

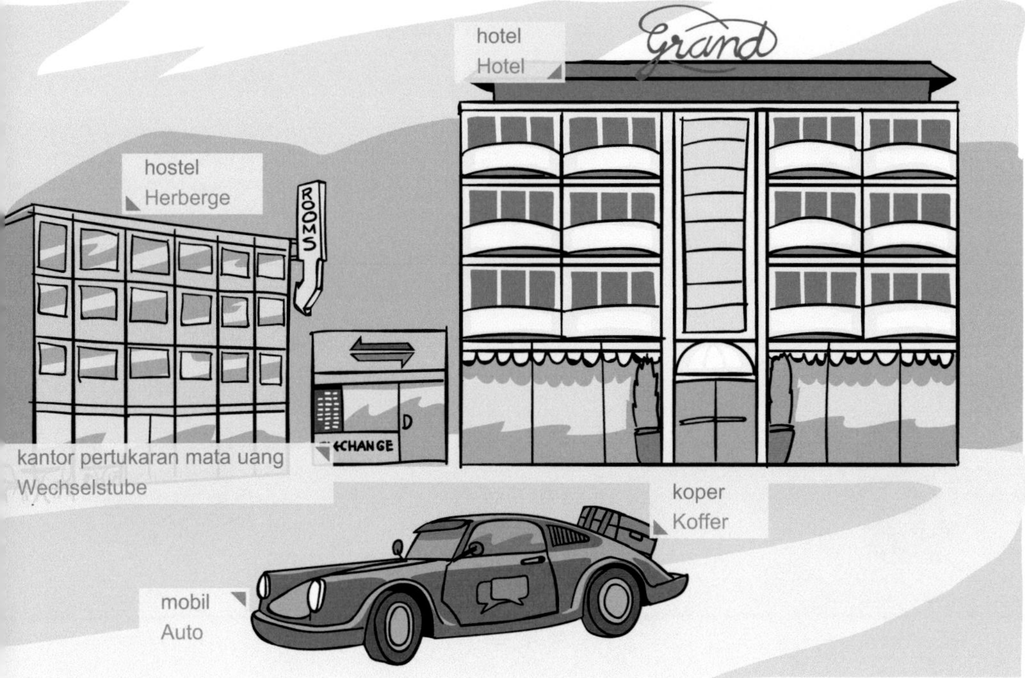

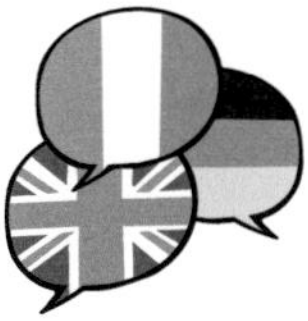

bahasa
Sprache

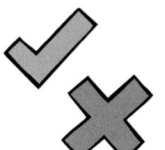

ya / tidak
ja / nein

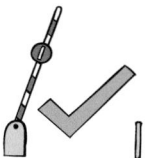

okay
Okay

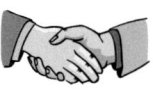

hallo
Hallo

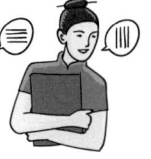

penerjemah
Übersetzer

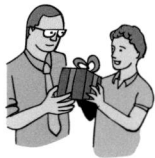

terima kasih
Danke

Berapa harganya…?

Was kostet…?

saya tidak mengerti

Ich verstehe nicht

masalah

Problem

Selamat malam!

Guten Abend!

Selamat siang!

Guten Morgen!

Selamat tidur!

Gute Nacht!

sampai jumpa

Auf Wiedersehen

arah

Richtung

bagasi

Gepäck

tas

Tasche

ransel

Rucksack

tamu

Gast

ruang

Zimmer

kantong tidur

Schlafsack

tenda

Zelt

informasi wisata

Touristeninformation

pantai

Strand

kartu kredit

Kreditkarte

sarapan

Frühstück

makan siang

Mittagessen

makan malam

Abendessen

tiket

Fahrkarte

elevator

Fahrstuhl

perangko

Briefmarke

perbatasan

Grenze

cukai

Zoll

kedutaan

Botschaft

visa

Visum

paspor

Pass

transportasi

Transport

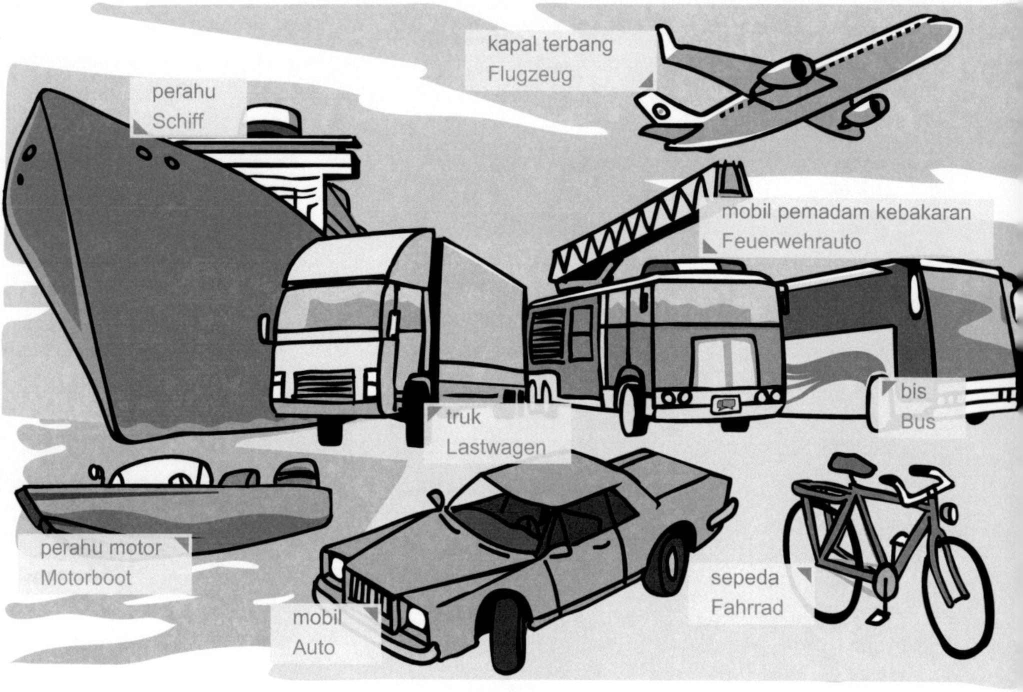

kapal terbang
Flugzeug
perahu
Schiff
mobil pemadam kebakaran
Feuerwehrauto
truk
Lastwagen
bis
Bus
perahu motor
Motorboot
sepeda
Fahrrad
mobil
Auto

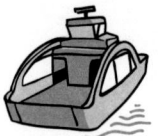

feri

Fähre

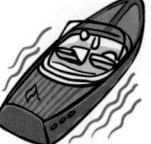

perahu

Boot

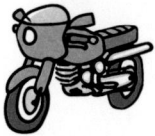

sepeda motor

Motorrad

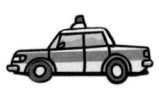

mobil polisi

Polizeiauto

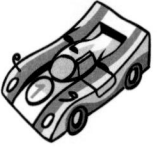

mobil balapan

Rennauto

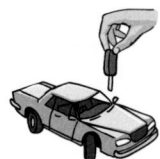

mobil sewa

Mietwagen

berbagi mobil

Carsharing

truk derek

Abschleppwagen

truk sampah

Müllauto

motor

Motor

bahan bakar

Kraftstoff

bensin

Tankstelle

tanda lalulintas

Verkehrsschild

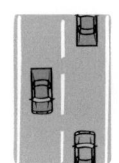

lalulintas

Verkehr

macet

Stau

parkir mobil

Parkplatz

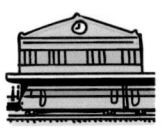

stasiun kereta

Bahnhof

trek

Schienen

kereta api

Zug

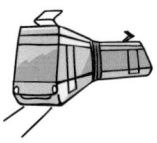

tram

Straßenbahn

gerobak

Wagon

helikopter

Helikopter

bendara

Flughafen

menara

Tower

penumpang

Passagier

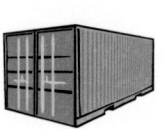

container

Container

karton

Karton

troli

Karren

keranjang

Korb

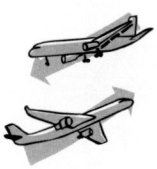

berangkat / mendarat

starten / landen

kota

Stadt

desa

Dorf

pusat kota

Stadtzentrum

rumah

Haus

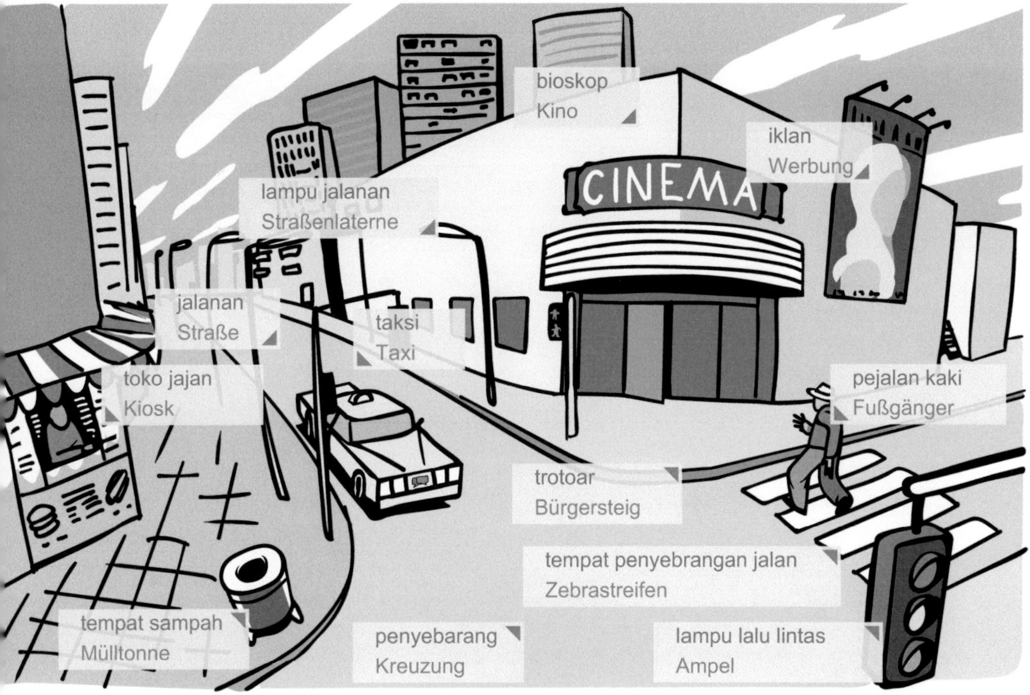

bioskop
Kino
iklan
Werbung
CINEMA
lampu jalanan
Straßenlaterne
jalanan
Straße
taksi
Taxi
toko jajan
Kiosk
pejalan kaki
Fußgänger
trotoar
Bürgersteig
tempat penyebrangan jalan
Zebrastreifen
tempat sampah
Mülltonne
penyebarang
Kreuzung
lampu lalu lintas
Ampel

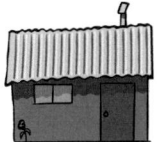

gubuk

Hütte

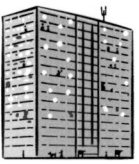

rumah flat

Wohnung

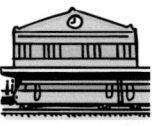

stasiun kereta

Bahnhof

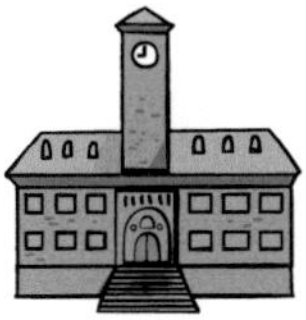

balai kota

Rathaus

MUSEUM

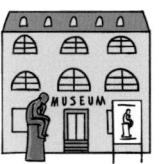

museum

Museum

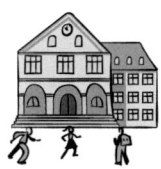

sekolah

Schule

universitas
Universität

bank
Bank

rumah sakit
Krankenhaus

hotel
Hotel

farmasi
Apotheke

kantor
Büro

toko buku
Buchhandlung

toko
Geschäft

toko bunga
Blumenladen

supermarket
Supermarkt

pasar
Markt

toko serba ada
Kaufhaus

nelayan
Fischhändler

pusat belanja
Einkaufszentrum

pelabuhan
Hafen

taman

Park

banku

Bank

jembatan

Brücke

tangga

Treppe

kereta bawah tanah

U-Bahn

terowongan

Tunnel

pemberhantian bis

Bushaltestelle

bar

Bar

restauran

Restaurant

kotak surat

Briefkasten

tanda jalan

Straßenschild

meteran parkir

Parkuhr

kebun binatang

Zoo

kolam renang

Badeanstalt

mesjid

Moschee

pertanian

Bauernhof

polusi

Umweltverschmutzung

kuburan

Friedhof

gereja

Kirche

tempat bermain

Spielplatz

pura

Tempel

pemandangan
Landschaft

daun
Blatt

penunjuk arah
Wegweiser

jalanan
Weg

padang rumput
Wiese

batu
Stein

pohon
Baum

pejalak kaki
Wanderer

sungai
Fluss

rumput
Gras

bunga
Blume

lembah

Tal

bukit

Berg

danau

See

hutan

Wald

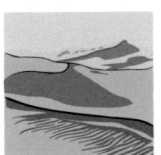

padang gurun

Wüste

gunung berapi

Vulkan

istana

Schloss

pelangi

Regenbogen

jamur

Pilz

pohon palem

Palme

nyamuk

Moskito

lalat

Fliege

semut

Ameise

lebah

Biene

laba-laba

Spinne

kumbang

Käfer

kodok

Frosch

tupai

Eichhörnchen

landak

Igel

kelinci

Hase

burung hantu

Eule

burung

Vogel

angsa

Schwan

babi jantan

Wildschwein

rusa

Hirsch

rusa

Elch

bendungan

Staudamm

turbin angin

Windrad

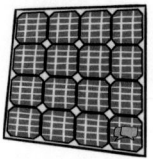

panel surya

Solarmodul

iklim

Klima

restauran

Restaurant

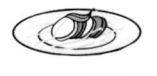

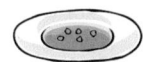

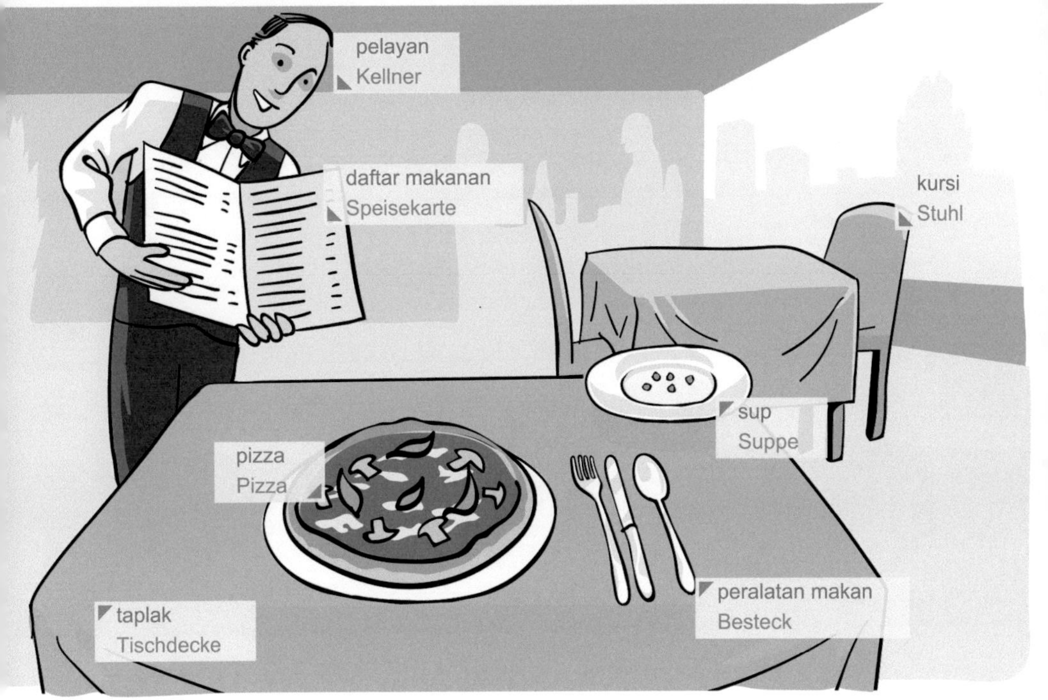
pelayan
Kellner
daftar makanan
Speisekarte
kursi
Stuhl
sup
Suppe
pizza
Pizza
peralatan makan
Besteck
taplak
Tischdecke

hindangan pembuka

Vorspeise

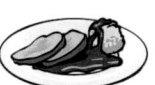

hidangan utama

Hauptgericht

hidangan penutup

Nachspeise

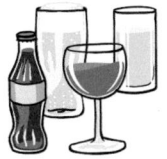

minuman

Getränke

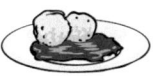

makanan

Essen

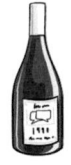

botol

Flasche

fastfood

Fastfood

masakan jalanan

Streetfood

teko teh

Teekanne

kaleng gula

Zuckerdose

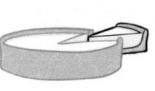

porsi

Portion

mesin espresso

Espressomaschine

kursi tinggi

Hochstuhl

tagihan

Rechnung

baki

Tablett

pisau

Messer

garpu

Gabel

sendok

Löffel

sendok teh

Teelöffel

serbet

Serviette

gelas

Glas

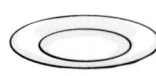

piring

Teller

piring sup

Suppenteller

lepek

Untertasse

saus

Sauce

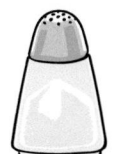

tempat garam

Salzstreuer

gilingan merica

Pfeffermühle

cuka

Essig

minyak

Öl

bumbu

Gewürze

saus tomat

Ketchup

mustar

Senf

mayones

Mayonnaise

supermarket

Supermarkt

penawaran khusus
Angebot
FOR
klien
Kunde
produk susu
Milchprodukte
buah
Obst
troli
Einkaufswagen

BUTCHERS

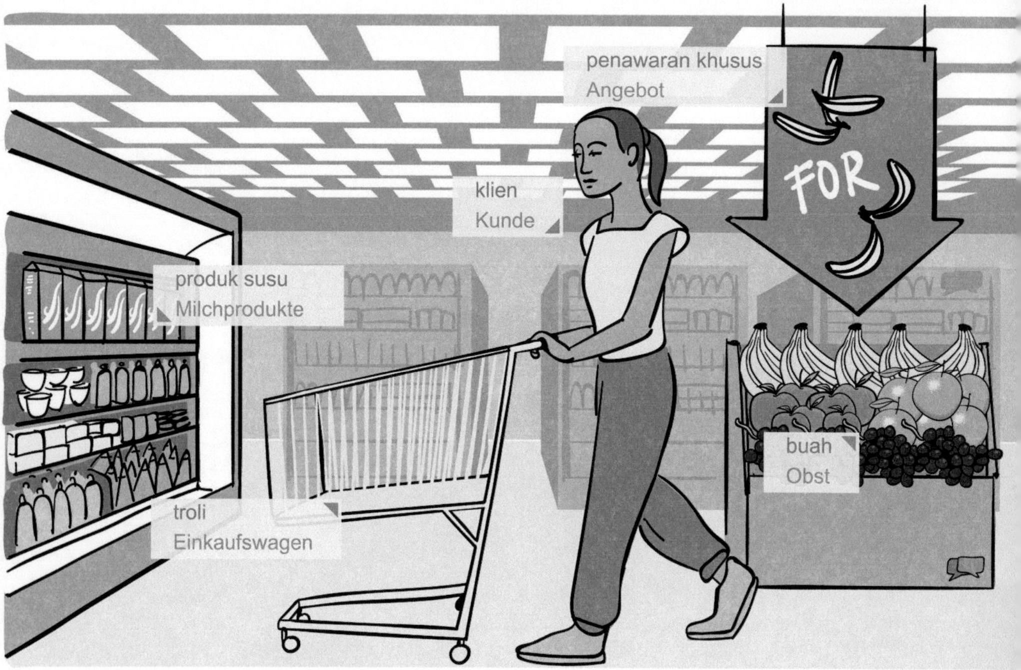

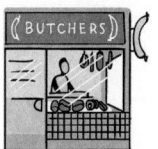

pembantai
Schlachterei

BAKERY

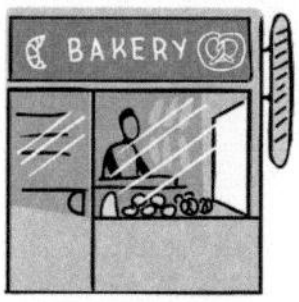

toko roti
Bäckerei

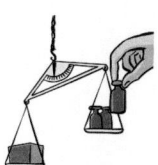

menimbang
wiegen

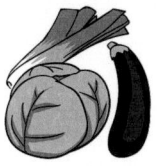

sayur
Gemüse

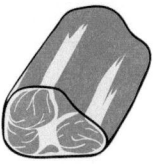

daging
Fleisch

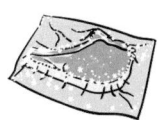

makanan beku
Tiefkühlkost

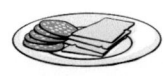

pemotongan dingin

Aufschnitt

makanan kaleng

Konserven

sabun serbuk

Waschmittel

permen

Süßigkeiten

alat-alat rumah tangga

Haushaltsartikel

obat pembersihan

Reinigungsmittel

penjual

Verkäuferin

kasa

Kasse

kasir

Kassierer

daftar belanja

Einkaufsliste

jam buka

Öffnungszeiten

dompet

Brieftasche

kartu kredit

Kreditkarte

tas

Tasche

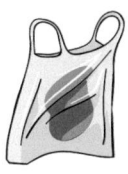

kantong plastik

Plastiktüte

Getränke

air
....
Wasser

jus
....
Saft

susu
....
Milch

cola
....
Cola

anggur
....
Wein

bir
....
Bier

alkohol
....
Alkohol

coklat
....
Kakao

teh
....
Tee

kopi
....
Kaffee

espresso
....
Espresso

cappucino
....
Cappuccino

pisang

Banane

apel

Apfel

jeruk

Orange

semangka

Melone

jeruk lemon

Zitrone

wortel

Karotte

bawang putih

Knoblauch

bambu

Bambus

bawang bombai

Zwiebel

jamur

Pilz

kacang

Nüsse

mi

Nudeln

spagetti

Spaghetti

nasi

Reis

salat

Salat

kentang goreng

Pommes frites

kentang goreng

Bratkartoffeln

pizza

Pizza

hamburger

Hamburger

sandwich

Sandwich

sayatan

Schnitzel

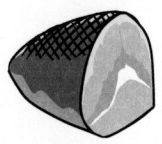

ham

Schinken

salami

Salami

sosis

Wurst

ayam

Huhn

menggoreng

Braten

ikan

Fisch

bubur gandum

Haferflocken

sereal

Müsli

cornflakes

Cornflakes

tepung

Mehl

croissant

Croissant

roti

Brötchen

roti

Brot

toast

Toast

biskuit

Kekse

mentega

Butter

dadih

Quark

kue

Kuchen

telur

Ei

telur goreng

Spiegelei

keju

Käse

eskrim
Eiscreme

gula
Zucker

madu
Honig

selai
Marmelade

krim nugat
Nougat-Creme

kare
Curry

pertanian
Bauernhof

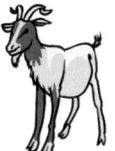

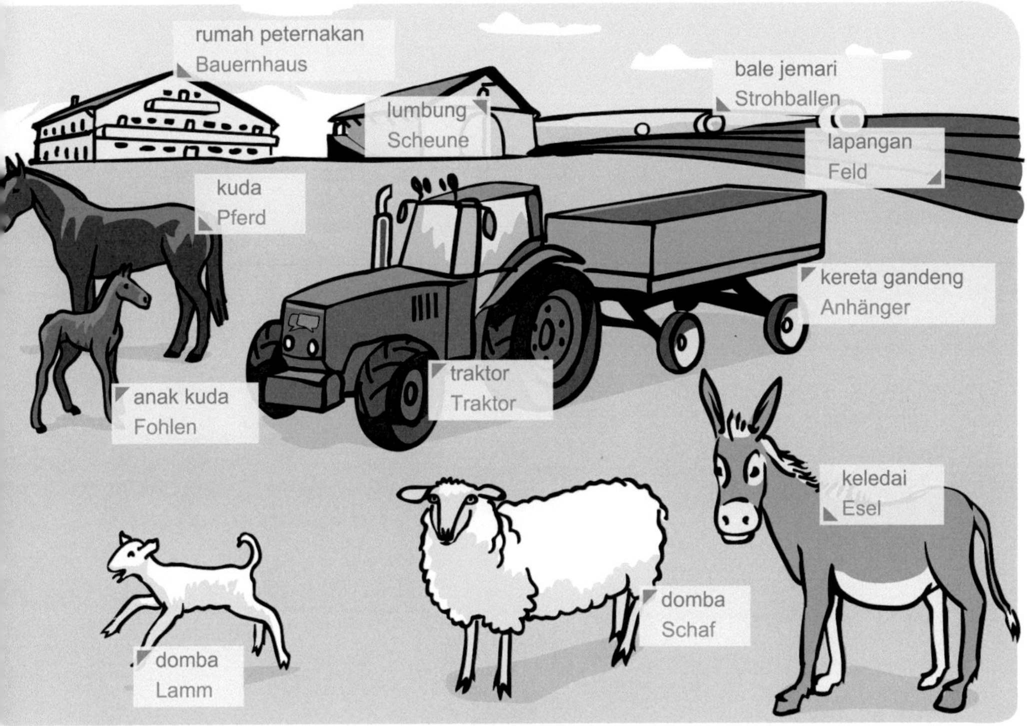
rumah peternakan
Bauernhaus
lumbung
Scheune
bale jemari
Strohballen
lapangan
Feld
kuda
Pferd
kereta gandeng
Anhänger
traktor
Traktor
anak kuda
Fohlen
keledai
Esel
domba
Schaf
domba
Lamm

kambing

Ziege

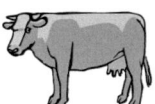

sapi

Kuh

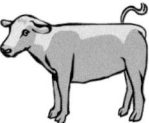

betis

Kalb

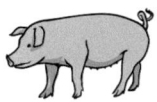

babi

Schwein

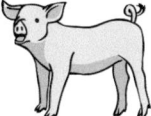

celeng

Ferkel

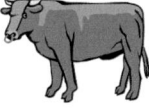

banteng

Bulle

angsa

Gans

bebek

Ente

anak ayam

Küken

ayam

Huhn

ayam jantan

Hahn

tikus

Ratte

kucing

Katze

tikus

Maus

lembu

Ochse

anjing

Hund

rumah anjing

Hundehütte

selang

Gartenschlauch

penyiram

Gießkanne

sabit

Sense

bajak

Pflug

sabit

Sichel

cangkul

Hacke

garpu rumput

Mistgabel

kapak

Axt

gerobak

Schubkarre

palung

Trog

kaleng susu

Milchkanne

karung

Sack

pagar

Zaun

kandang

Stall

rumah kaca

Treibhaus

tanah

Boden

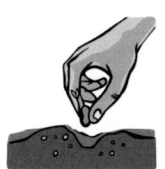

benih

Saat

pupuk

Dünger

mesin pemanen

Mähdrescher

panen

ernten

panen

Ernte

yams

Yamswurzel

gandum

Weizen

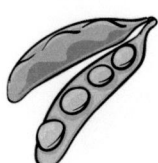

kedelai

Soja

kentang

Kartoffel

jagung

Mais

lobak

Raps

pohon buah

Obstbaum

singkong

Maniok

sereal

Getreide

rumah

Haus

cerobong
Schornstein
atap
Dach
pipa talang
Regenrinne
jendela
Fenster
bel pintu
Klingel
garasi
Garage
pintu
Tür
sampah
Mülleimer
kotak surat
Briefkasten
kebun
Garten

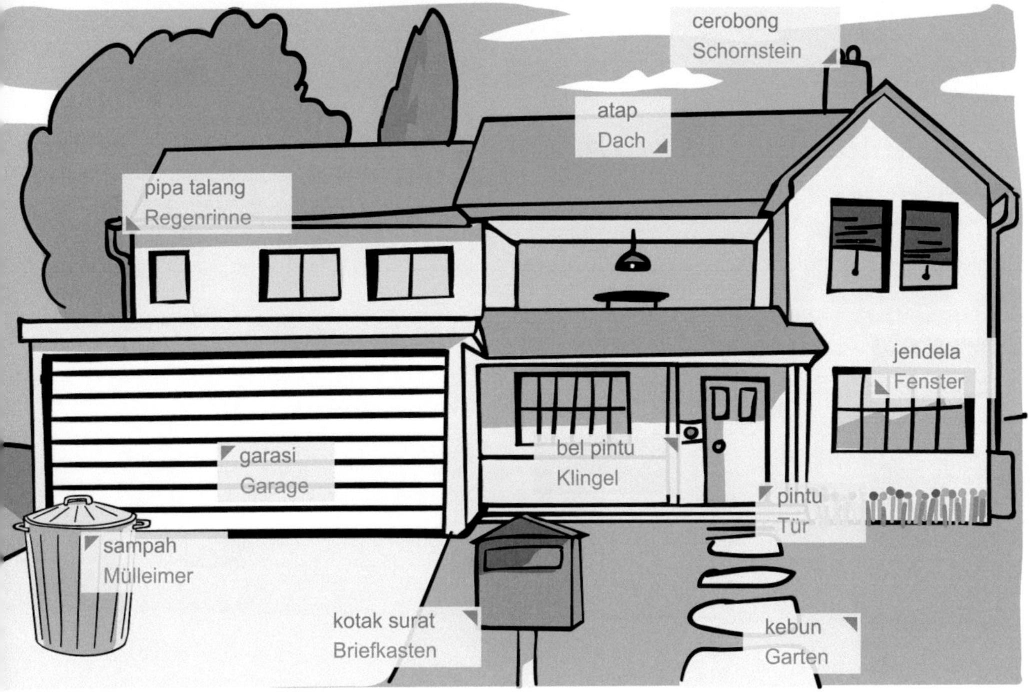

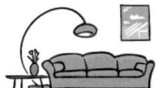

ruang tamu

Wohnzimmer

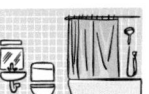

kamar mandi

Badezimmer

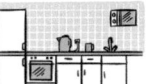

dapur

Küche

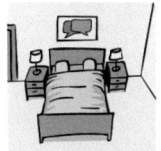

kamar tidur

Schlafzimmer

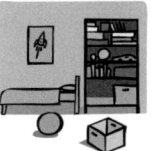

kamar anak

Kinderzimmer

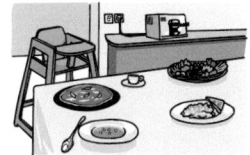

kamar makan

Esszimmer

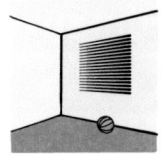

lantai

Boden

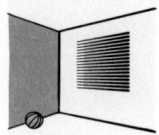

tembok

Wand

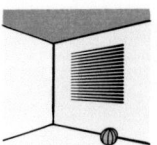

atap

Decke

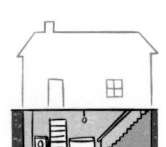

gudang di bawah tanah

Keller

sauna

Sauna

balkon

Balkon

teras

Terrasse

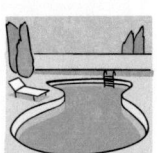

kolam renang

Schwimmbad

mesin pemotong rumput

Rasenmäher

sprei

Bettbezug

selimut

Bettdecke

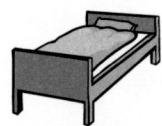

tempat tidur

Bett

sapu

Besen

ember

Eimer

tombol

Schalter

ruang tamu
Wohnzimmer

kertas dinding
Tapete
gambar
Bild
lampu
Lampe
rak
Regal
kabinet
Schrank
televisi
Fernseher
perapian
Kamin
bunga
Blume
bantal
Kissen
sofa
Sofa
vas
Vase
remote control
Fernbedienung

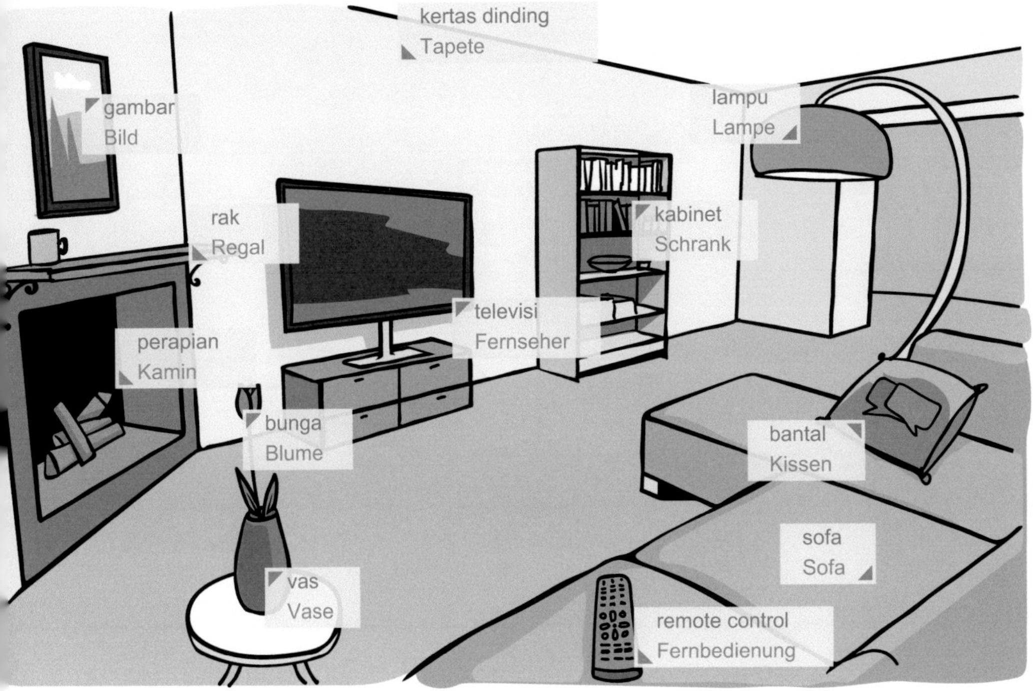

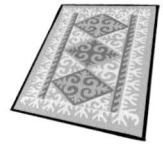

karpet

Teppich

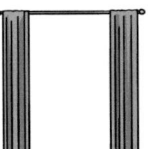

korden

Vorhang

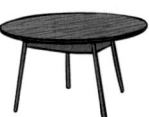

meja

Tisch

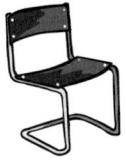

kursi

Stuhl

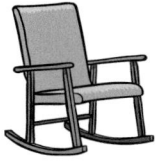

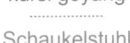

kursi goyang

Schaukelstuhl

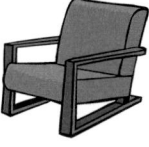

kursi malas

Sessel

buku

Buch

selimut

Decke

dekorasi

Dekoration

kayu bakar

Feuerholz

filem

Film

hi-fi

Stereoanlage

kunci

Schlüssel

koran

Zeitung

lukisan

Gemälde

poster

Poster

radio

Radio

buku tulis

Notizblock

penyedot debu

Staubsauger

kaktus

Kaktus

lilin

Kerze

dapur

Küche

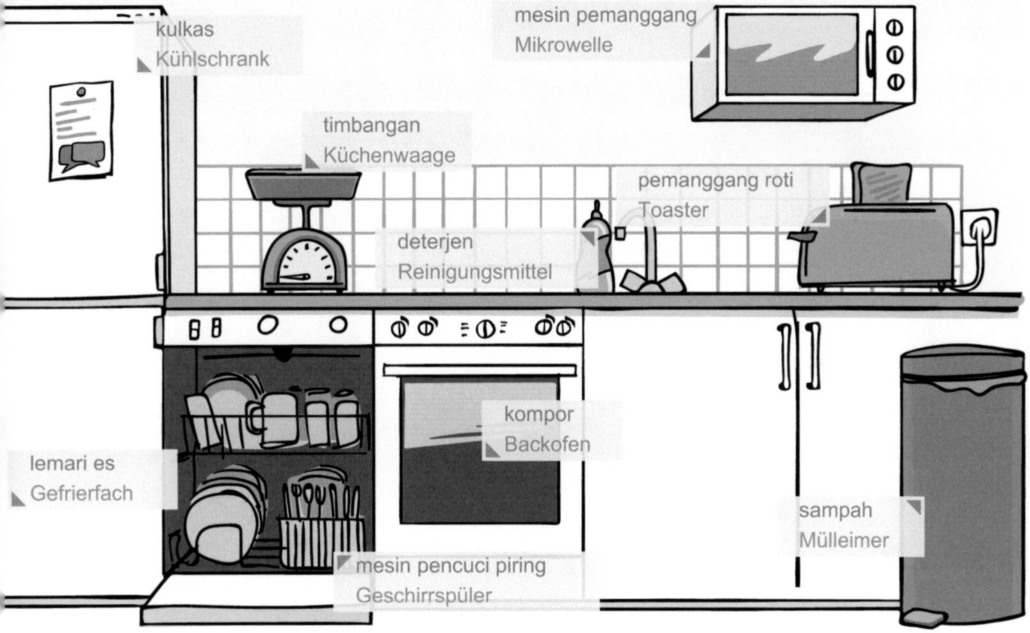
kulkas
Kühlschrank
mesin pemanggang
Mikrowelle
timbangan
Küchenwaage
pemanggang roti
Toaster
deterjen
Reinigungsmittel
kompor
Backofen
lemari es
Gefrierfach
sampah
Mülleimer
mesin pencuci piring
Geschirrspüler

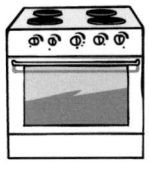

kompor

Herd

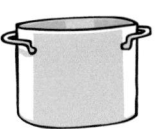

panci

Topf

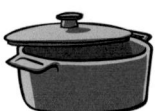

panci besi

Eisentopf

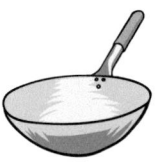

wajan

Wok / Kadai

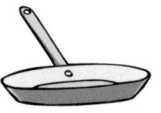

panci

Pfanne

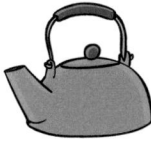

pemanas air

Wasserkocher

panci pengukus makanan

Dampfgarer

nampan

Backblech

piring

Geschirr

cangkir

Becher

mangkok

Schale

sumpit

Essstäbchen

sendok sup

Suppenkelle

sudip

Pfannenwender

mengocok

Schneebesen

saringan

Kochsieb

saringan

Sieb

parutan

Reibe

mortir

Mörser

barbeque

Grill

api terbuka

Feuerstelle

papan memotong

Schneidebrett

gilingan

Nudelholz

alat pembuka botol

Korkenzieher

kaleng

Dose

pembuka kaleng

Dosenöffner

pegangan panci

Topflappen

wastafel

Waschbecken

sikat

Bürste

busa

Schwamm

mesin pencampur

Mixer

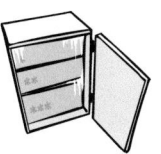

lemari es

Gefriertruhe

botol bayi

Babyflasche

keran

Wasserhahn

dapur - Küche

kamar mandi

Badezimmer

mesin pemanas
Heizung
mandi
Dusche
handuk
Handtuch
tirai kamar mandi
Duschvorhang
mandi busa
Schaumbad
bak mandi
Badewanne
gelas
Glas
mesin cuci
Waschmaschine
keran
Wasserhahn
ubin
Fliesen
pispot
Töpfchen
wastafel
Waschbecken

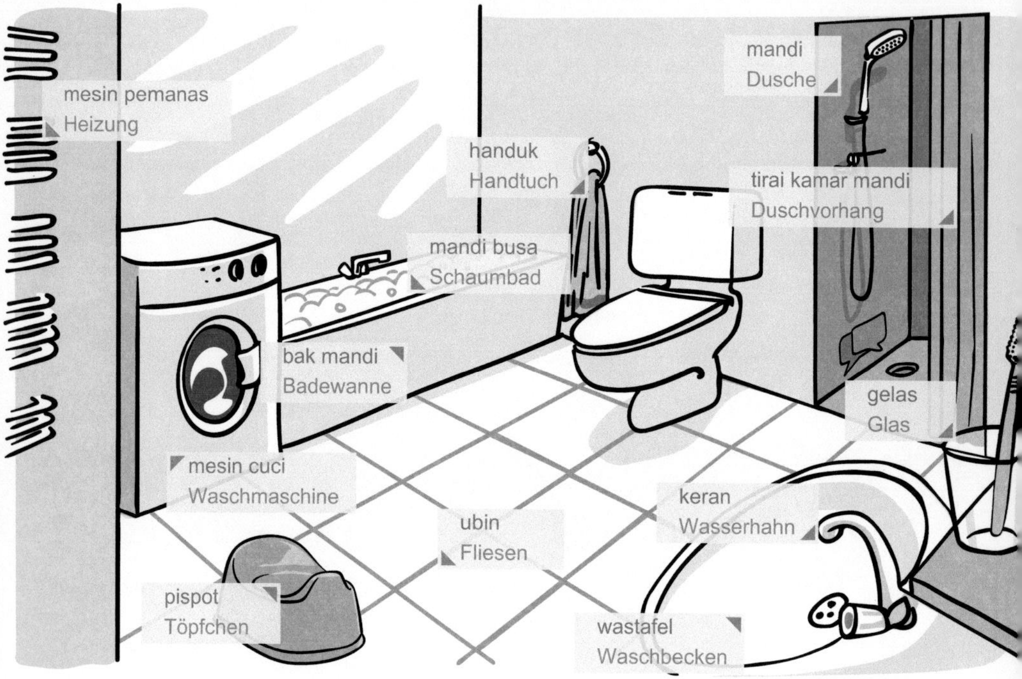

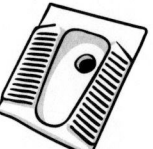

toilet

Toilette

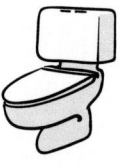

toilet jongkok

Hocktoilette

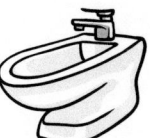

bidet

Bidet

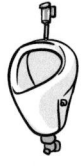

pissoir

Pissoir

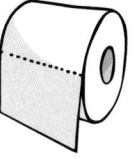

kertas toilet

Toilettenpapier

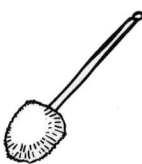

sikat toilet

Toilettenbürste

sikat gigi

Zahnbürste

pasta gigi

Zahnpasta

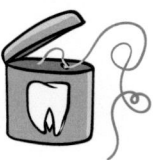

benang gigi

Zahnseide

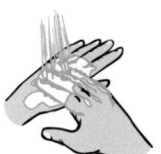

menyuci

waschen

pancuran tangan

Handbrause

pancuran

Intimdusche

bak

Waschschüssel

sikat punggung

Rückenbürste

sabun

Seife

gel mandi

Duschgel

sampo

Shampoo

planel

Waschlappen

kuras

Abfluss

krim

Creme

deodoran

Deodorant

kaca

Spiegel

cermin tangan

Kosmetikspiegel

pisau cukur

Rasierer

busa cukur

Rasierschaum

aftershave

Rasierwasser

sisir

Kamm

sikat

Bürste

alat pengering rambut

Föhn

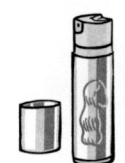

semprot rambut

Haarspray

makeup

Makeup

lipstik

Lippenstift

cat kuku

Nagellack

kapas

Watte

gunting kuku

Nagelschere

minyak wangi

Parfum

kantong pencuci

Kulturbeutel

bangku

Hocker

timbangan

Waage

mantel mandi

Bademantel

sarung tangan karet

Gummihandschuhe

tampon

Tampon

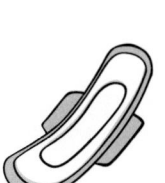

handuk pembalut

Damenbinde

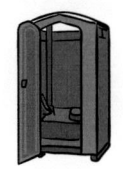

toilet kimia

Chemietoilette

kamar anak
Kinderzimmer

jam alarm
Wecker
boneka tidur
Kuscheltier
mobil-mobilan
Spielzeugauto
kelintung
Rassel
rumah boneka
Puppenhaus
kado
Geschenk

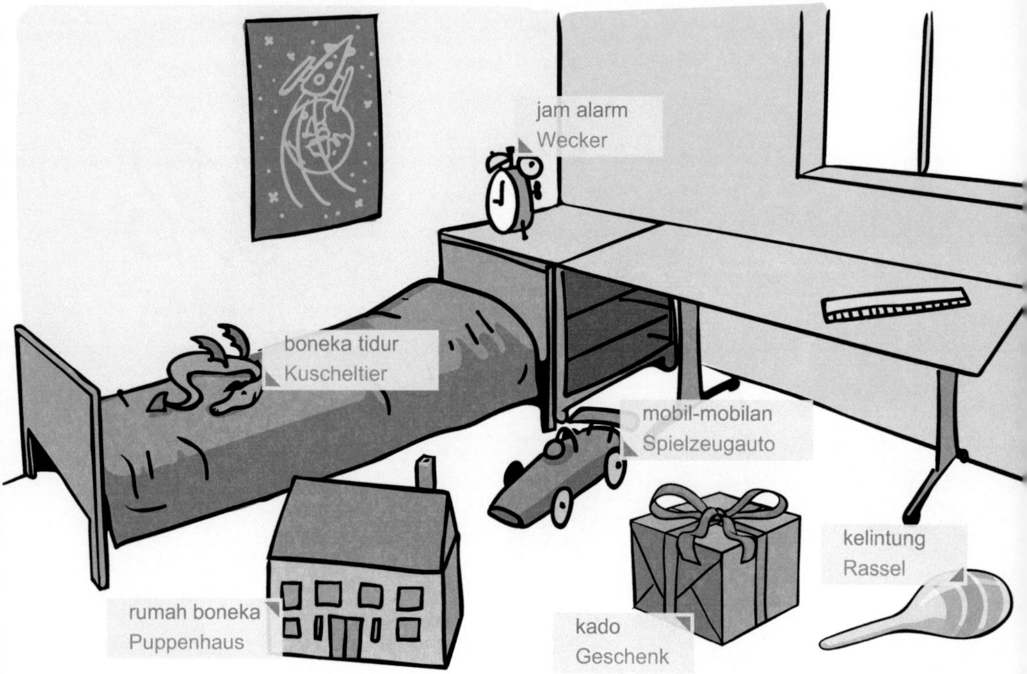

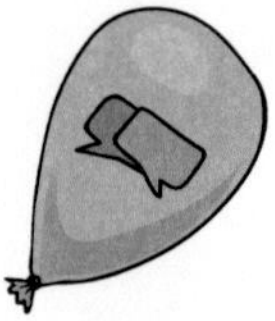

balon
Ballon

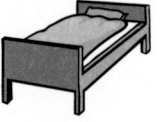

tempat tidur
Bett

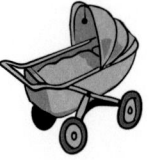

kereta bayi
Kinderwagen

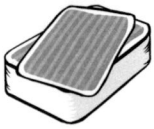

mainan kartu
Kartenspiel

teka-teki
Puzzle

SUPER
MEGA
komik
Comic

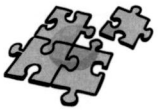

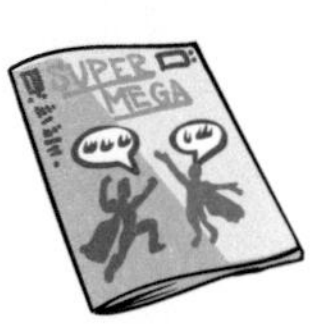

mainan lego

Legosteine

blok mainan

Bausteine

figur aksi

Action Figur

baju monyet

Strampelanzug

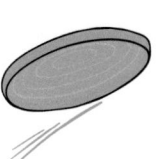

frisbee

Frisbee

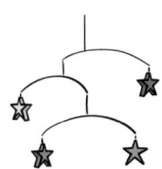

mobile

Mobile

permainan papan

Brettspiel

dadu

Würfel

set model kreta api

Modelleisenbahn

dot

Schnuller

pesta

Party

buku gambar

Bilderbuch

bola

Ball

boneka

Puppe

bermain

spielen

tempat main pasir

Sandkasten

ayunan

Schaukel

mainan

Spielzeug

video game konsol

Spielkonsole

sepeda roda tiga

Dreirad

teddy

Teddy

lemari pakaian

Kleiderschrank

pakaian
Kleidung

kaos kaki

Socken

kaos kaki

Strümpfe

baju ketat

Strumpfhose

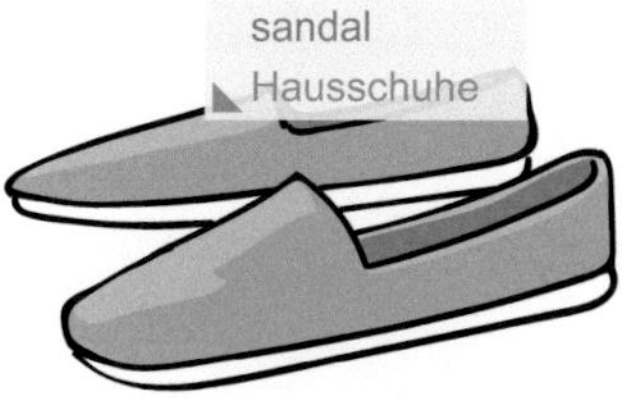

syal
Schal

payung
Regenschirm

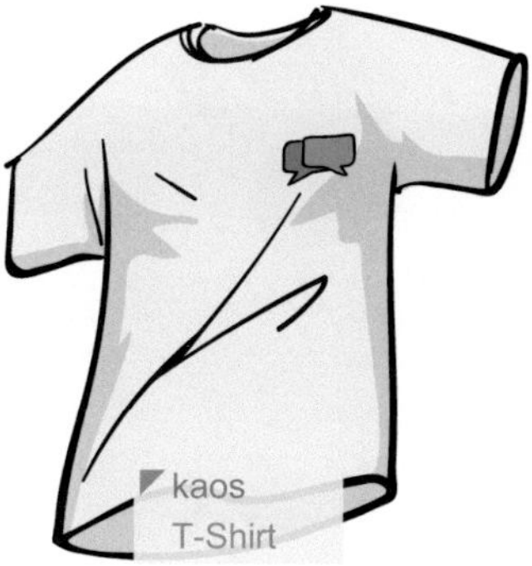

kaos
T-Shirt

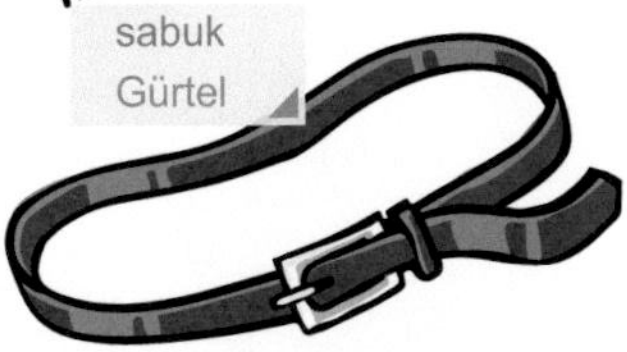

sabuk
Gürtel

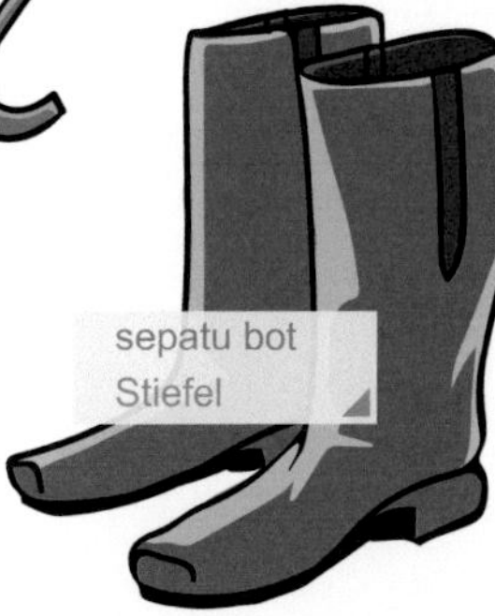

sepatu bot
Stiefel

sandal
Hausschuhe

sepatu
Turnschuhe

sandal
Sandalen

sepatu
Schuhe

sepatu bot karet
Gummistiefel

celana dalam
Unterhose

BH
Büstenhalter

baju rompi
Unterhemd

body

Body

celana

Hose

jeans

Jeans

rok

Rock

blus

Bluse

kemeja

Hemd

aket berkerudung

Pullover

sweater

Kapuzenpullover

jaket

Blazer

jaket

Jacke

mantel

Mantel

jas hujan

Regenmantel

kostum

Kostüm

gaun

Kleid

gaun pengantin

Hochzeitskleid

setelan resmi

Anzug

gaun tidur

Nachthemd

piyama

Schlafanzug

sari

Sari

jilbab

Kopftuch

turban

Turban

burka

Burka

kaftan

Kaftan

abaya

Abaya

pakaian renang

Badeanzug

celana renang

Badehose

celana pendek

Kurze Hose

olah raga

Trainingsanzug

celemek

Schürze

sarung tangan

Handschuhe

kancing

Knopf

kacamata

Brille

gelang

Armband

kalung

Halskette

cincin

Ring

anting

Ohrring

topi

Mütze

gantungan mantel

Kleiderbügel

topi

Hut

dasi

Krawatte

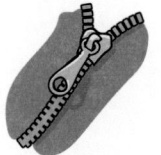

ritsleting

Reißverschluss

helm

Helm

tali selempang

Hosenträger

seragam sekolah

Schuluniform

seragam

Uniform

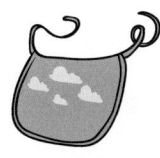

oto

Lätzchen

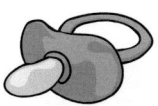

dot

Schnuller

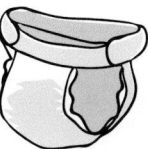

popok

Windel

kantor

Büro

server
Server
lemari arsip
Aktenschrank
kertas
Papier
pencetak
Drucker
layar
Monitor
mouse komputer
Maus
meja kerja
Schreibtisch
tempat pengarsipan
Ordner
papan tombol
Tastatur
tempat sampah
Papierkorb
computer
Computer
kursi
Stuhl

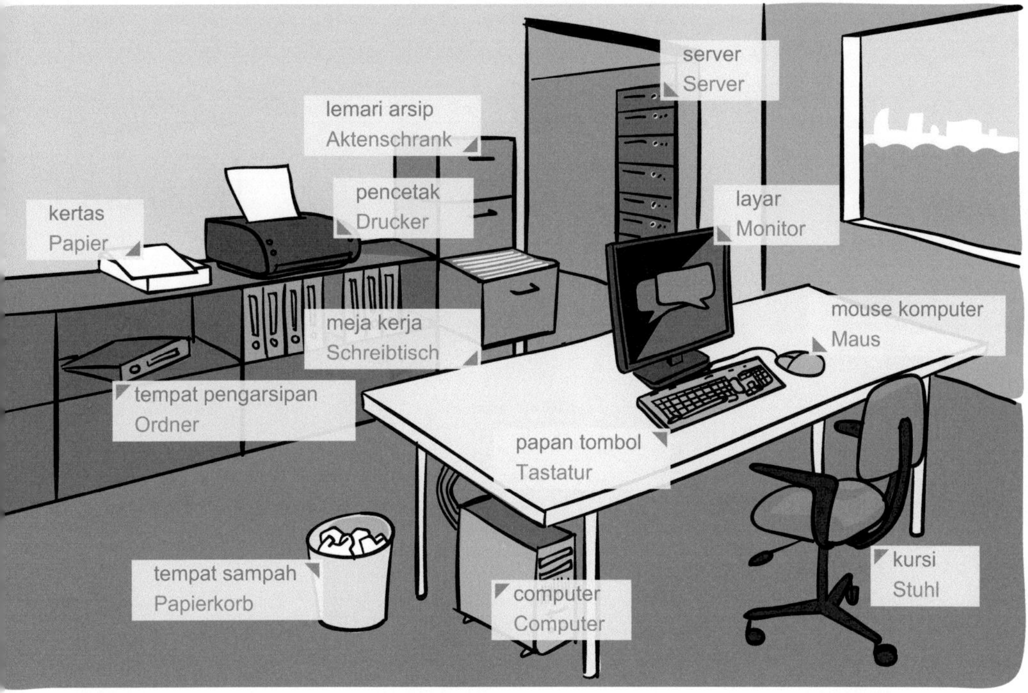

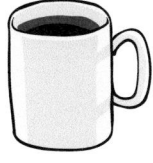

cangkir kopi

Kaffeebecher

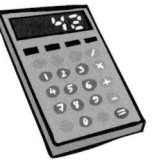

kalkulator

Taschenrechner

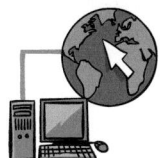

internet

Internet

laptop

Laptop

surat

Brief

pesan

Nachricht

telepon seluler

Handy

jaringan

Netzwerk

fotokopi

Kopierer

software

Software

telepon

Telefon

plug soket

Steckdose

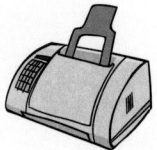

mesin fax

Fax

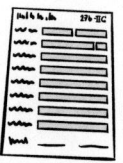

formulir

Formular

dokumen

Dokument

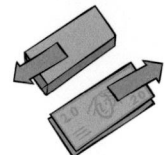

membeli
kaufen

membayar
bezahlen

berdagang
handeln

uang
Geld

Dollar
Dollar

Euro
Euro

Yen
Yen

Rubel
Rubel

Franc Swiss
Franken

Renminbi Yuan
Renminbi Yuan

Rupiah
Rupie

ATM
Geldautomat

kantor pertukaran mata uang

Wechselstube

emas

Gold

perak

Silber

minyak

Öl

energi

Energie

harga

Preis

kontrak

Vertrag

pajak

Steuer

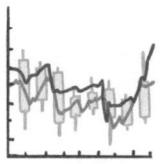

saham

Aktie

bekerja

arbeiten

karyawan

Angestellter

majikan

Arbeitgeber

pabrik

Fabrik

toko

Geschäft

pekerjaan
Berufe

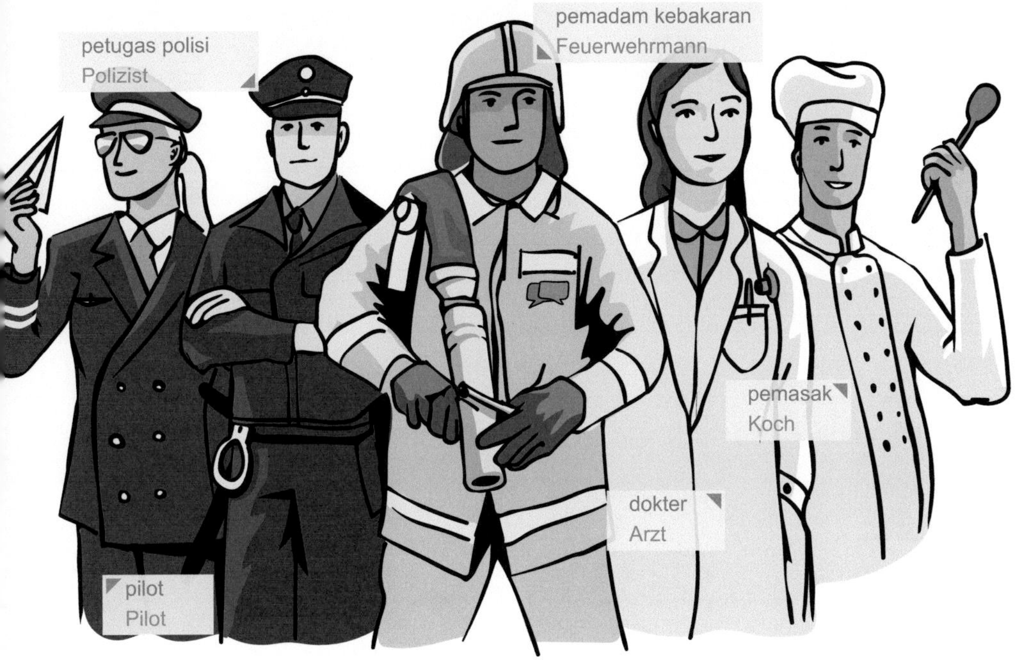
pemadam kebakaran
Feuerwehrmann
petugas polisi
Polizist
pemasak
Koch
dokter
Arzt
pilot
Pilot

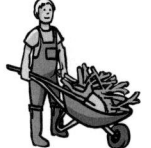

tukan kebun

Gärtner

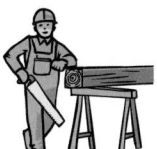

tukang kayu

Tischler

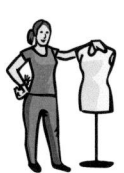

penjahit wanita

Näherin

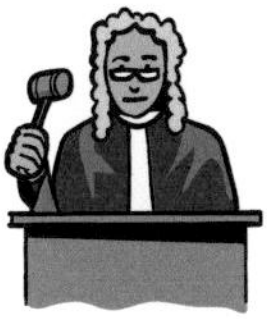

hakim

Richter

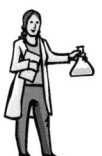

ahli kimia

Chemiker

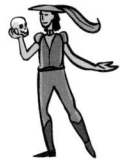

aktor

Schauspieler

sopir bis

Busfahrer

sopir taksi

Taxifahrer

nelayan

Fischer

pembantu

Putzfrau

tukang atap

Dachdecker

pelayan

Kellner

pemburu

Jäger

pelukis

Maler

tukang roti

Bäcker

tukang listrik

Elektriker

pembangun

Bauarbeiter

insinyur

Ingenieur

tukang daging

Schlachter

tukang ledeng

Klempner

tukang pos

Postbote

tentara

Soldat

arsitek

Architekt

kasir

Kassierer

penjual bunga

Florist

penata rambut

Friseur

konduktor

Schaffner

montir

Mechaniker

kapten

Kapitän

dokter gigi

Zahnarzt

ilmuwan

Wissenschaftler

rabbi

Rabbi

imam

Imam

biarawan

Mönch

pendeta

Geistlicher

alat

Werkzeuge

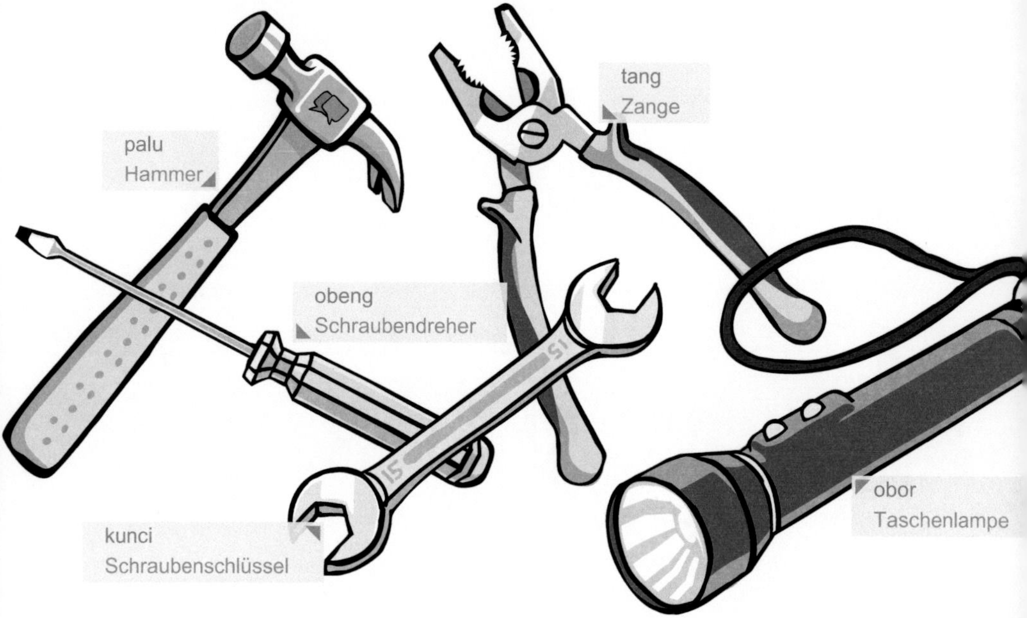
palu
Hammer
tang
Zange
obeng
Schraubendreher
kunci
Schraubenschlüssel
obor
Taschenlampe

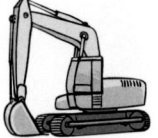

penggali

Bagger

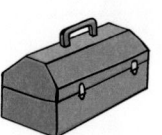

tas perkakas

Werkzeugkasten

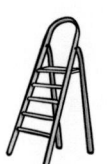

tangga

Leiter

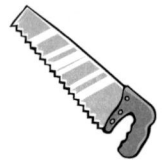

gergaji

Säge

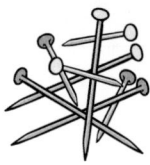

paku

Nägel

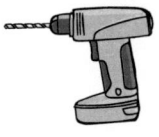

bor

Bohrer

perbaikan
reparieren

sekop
Schaufel

Sialan!
Mist!

cikrak
Kehrblech

pot cat
Farbtopf

sekrup
Schrauben

alat musik
Musikinstrumente

pengeras suara
Lautsprecher

alat drum
Schlagzeug

gitar
Gitarre

bas
Kontrabass

trompet
Trompete

piano

Klavier

violin

Violine

bass

Bass

tambur

Pauke

drum

Trommeln

keyboard

Keyboard

saksofon

Saxophon

suling

Flöte

mikrofon

Mikrofon

kebun binatang

Zoo

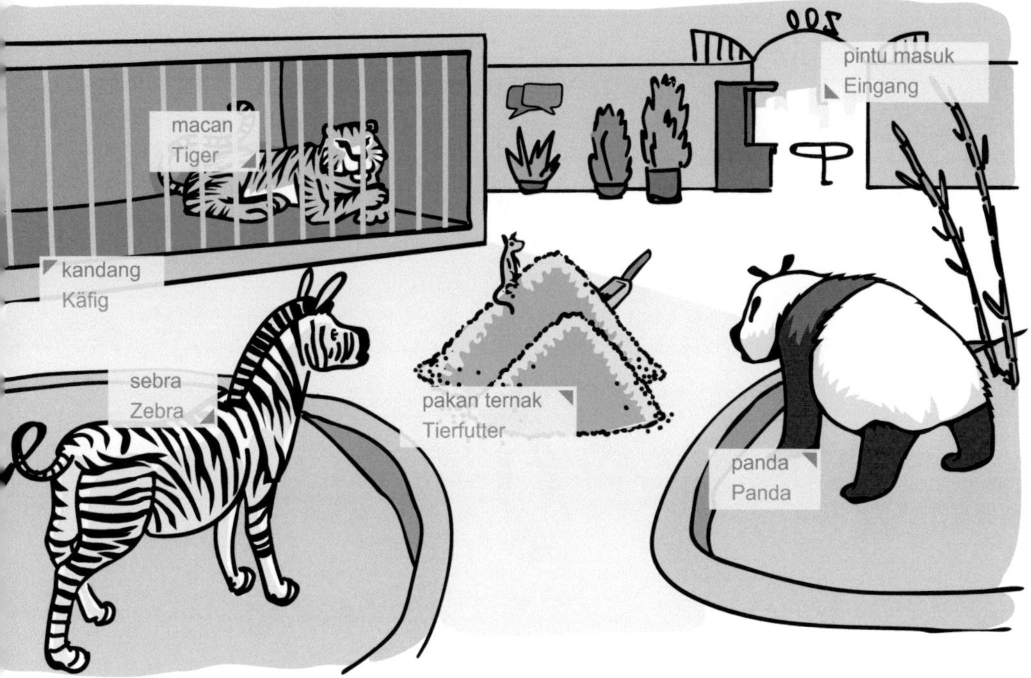

zoo
pintu masuk
Eingang
macan
Tiger
kandang
Käfig
sebra
Zebra
pakan ternak
Tierfutter
panda
Panda

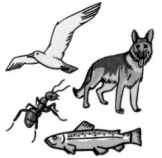

hewan

Tiere

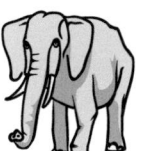

gajah

Elefant

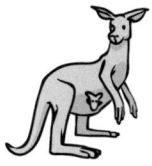

kanguru

Känguru

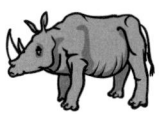

badak

Nashorn

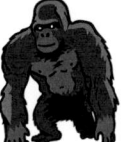

gorila

Gorilla

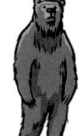

beruang

Bär

unta

Kamel

burung unta

Strauß

singa

Löwe

monyet

Affe

flamingo

Flamingo

burung beo

Papagei

beruang polar

Eisbär

penguin

Pinguin

hiu

Hai

merak

Pfau

ular

Schlange

buaya

Krokodil

penjaga kebun binatang

Zoowärter

segel

Robbe

jaguar

Jaguar

kuda poni

Pony

macan tutul

Leopard

kuda nil

Nilpferd

jerapah

Giraffe

burung elang

Adler

babi jantan

Wildschwein

ikan

Fisch

kura-kura

Schildkröte

anjing laut

Walross

rubah

Fuchs

kijang

Gazelle

american football
American Football

naik sepeda
Radfahren

tennis
Tennis

basketbal
Basketball

bernang
Schwimmen

tinju
Boxen

hoki es
Eishockey

sepak bola
·················
Fußball

badminton
·················
Badminton

atletik
·················
Leichtathletik

bola tangan
·················
Handball

main ski
·················
Skilaufen

polo
·················
Polo

aktivitas
Aktivitäten

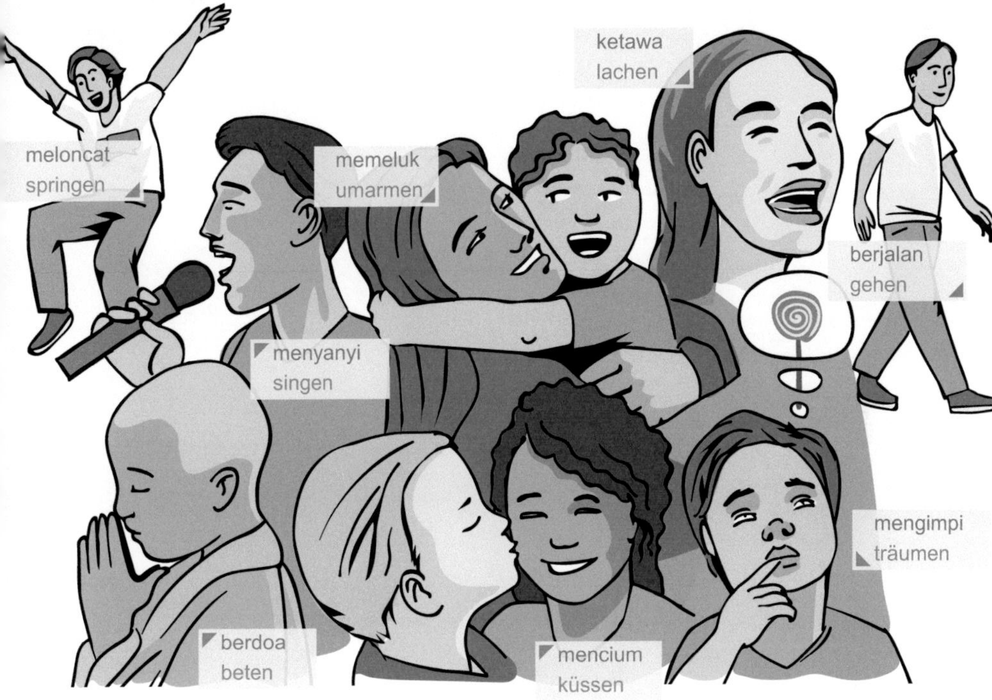

meloncat
springen
memeluk
umarmen
ketawa
lachen
berjalan
gehen
menyanyi
singen
mengimpi
träumen
berdoa
beten
mencium
küssen

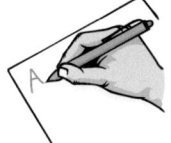

menulis

schreiben

melukis

zeichnen

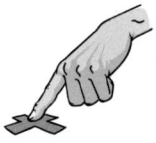

menunjuk

zeigen

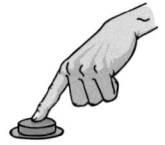

mendorong

drücken

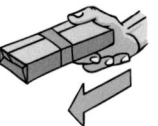

memberikan

geben

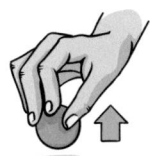

mengambil

nehmen

mempunyai

haben

melakukan

tun

adalah

sein

berdiri

stehen

berlari

laufen

menarik

ziehen

melempar

werfen

jatuh

fallen

tidur

liegen

menunggu

warten

membawa

tragen

duduk

sitzen

berpakaian

anziehen

tidur

schlafen

bangun

aufwachen

melihat

ansehen

menangis

weinen

mengelus

streicheln

menyisir

kämmen

berbicara

reden

mengerti

verstehen

menanyak

fragen

mendengar

hören

minum

trinken

makan

essen

merapikan

aufräumen

cinta

lieben

memasak

kochen

menyetir

fahren

terbang

fliegen

aktivitas - Aktivitäten

berlayar

segeln

menghitung

rechnen

membaca

lesen

belajar

lernen

bekerja

arbeiten

menikah

heiraten

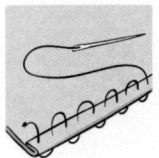

menjahit

nähen

sikat gigi

Zähne putzen

membunuh

töten

merokok

rauchen

kirim

senden

nenek
Großmutter

kakek
Großvater

bapak
Vater

ibu
Mutter

bayi
Baby

putri
Tochter

putra
Sohn

tamu

Gast

bibi

Tante

paman

Onkel

kakak laki

Bruder

kakak perempuan

Schwester

badan

Körper

dahi
Stirn
mata
Auge
bahu
Schulter
jari
Finger
muka
Gesicht
dagu
Kinn
tangan
Hand
kaki
Bein
payudara
Brust
lengan
Arm

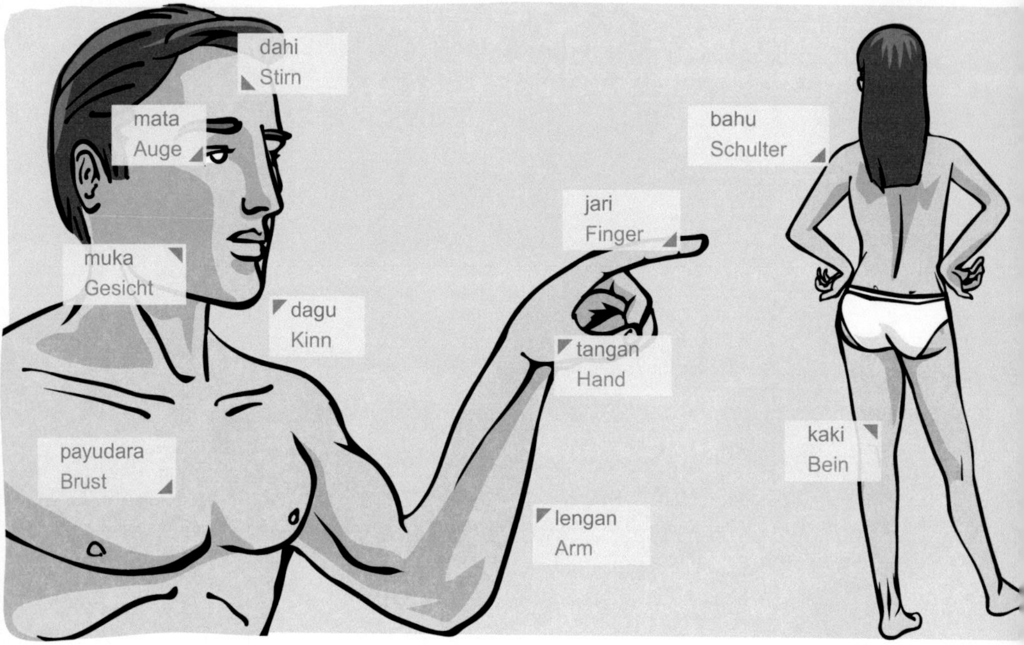

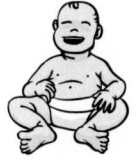

bayi

Baby

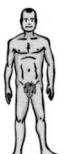

pria

Mann

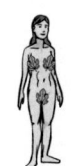

wanita

Frau

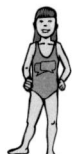

perempuan

Mädchen

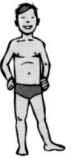

laki

Junge

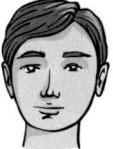

kepala

Kopf

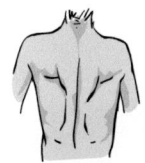

punggung

Rücken

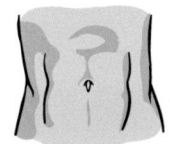

perut

Bauch

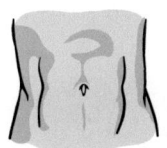

pusar

Nabel

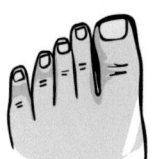

toe

Zeh

tumit

Ferse

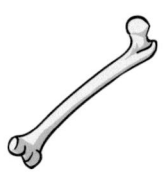

tulang

Knochen

pinggang

Hüfte

lutut

Knie

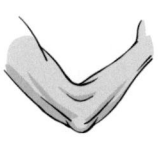

siku

Ellenbogen

hidung

Nase

pantat

Gesäß

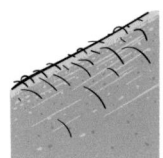

kulit

Haut

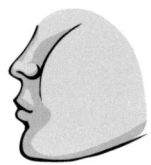

pipi

Wange

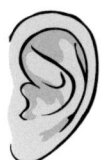

telinga

Ohr

bibir

Lippe

mulut

Mund

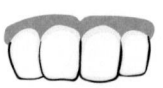

gigi

Zahn

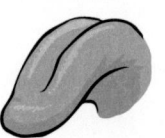

lidah

Zunge

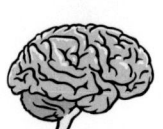

otak

Gehirn

jantung

Herz

otot

Muskel

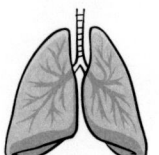

paru-paru

Lunge

hati

Leber

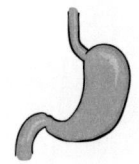

stomach

Magen

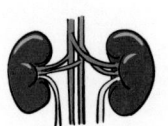

ginjal

Nieren

hubungan seks

Geschlechtsverkehr

kondom

Kondom

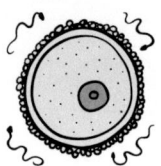

sel telur

Eizelle

sperma

Sperma

kehamilan

Schwangerschaft

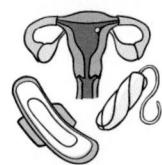

menstruasi

Menstruation

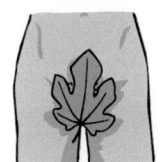

vagina

Vagina

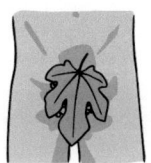

penis

Penis

alis

Augenbraue

rambut

Haar

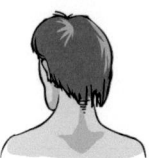

leher

Hals

rumah sakit
Krankenhaus

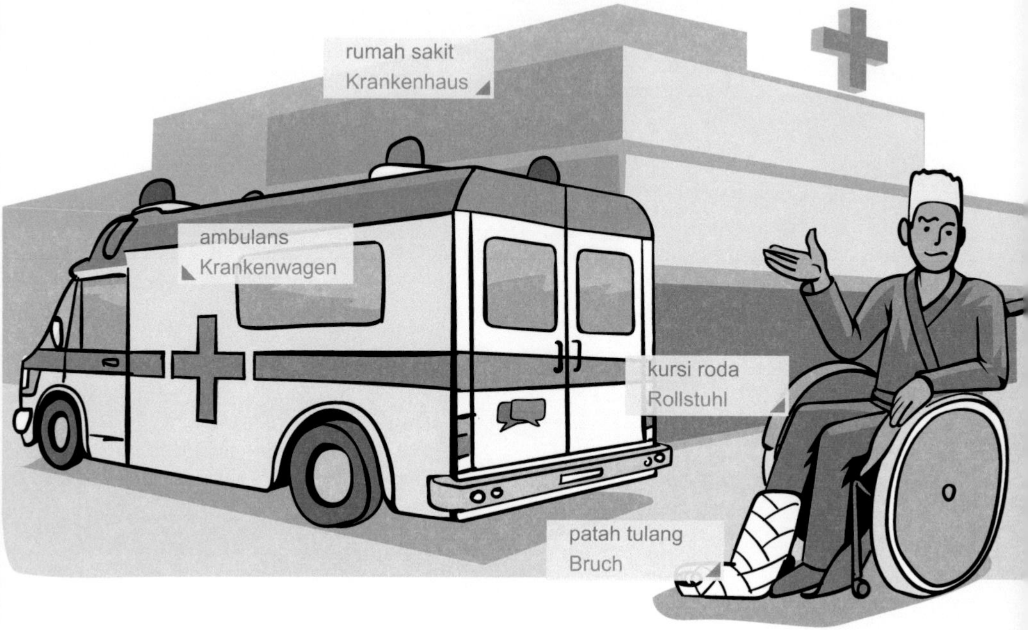

rumah sakit
Krankenhaus
ambulans
Krankenwagen
kursi roda
Rollstuhl
patah tulang
Bruch

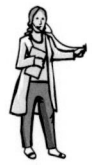

dokter

Arzt

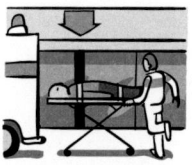

ruang darurat

Notaufnahme

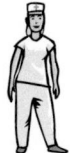

perawat

Krankenschwester

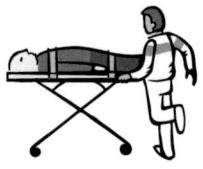

darurat

Notfall

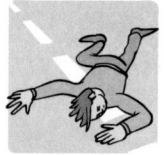

semaput

ohnmächtig

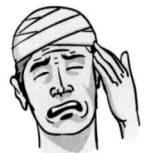

sakit

Schmerz

cedera

Verletzung

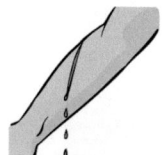

perdarahan

Blutung

serangan jantung

Herzinfarkt

stroke

Schlaganfall

alergi

Allergie

batuk

Husten

demam

Fieber

flu

Grippe

diare

Durchfall

sakit kepala

Kopfschmerzen

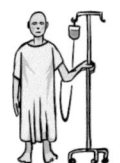

kanker

Krebs

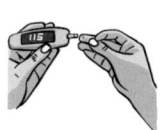

diabetes

Diabetis

ahli bedah

Chirurg

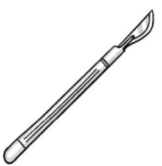

pisau bedah

Skalpell

operasi

Operation

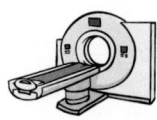

CT
CT

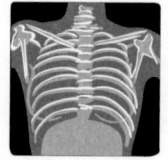

sinar x
Röntgen

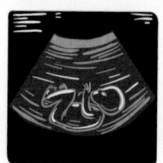

usg
Ultraschall

topeng
Maske

penyakit
Krankheit

ruang tunggu
Wartezimmer

penyokong
Krücke

plester
Pflaster

perban
Verband

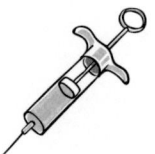

injeksi
Injektion

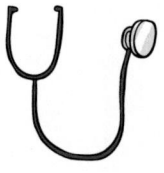

stetoskop
Stethoskop

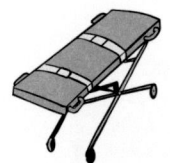

usungan
Trage

termometer klinis
Thermometer

kelahiran
Geburt

kelebihan berat badan
Übergewicht

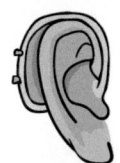

alat pendengar

Hörgerät

desinfektan

Desinfektionsmittel

infeksi

Infektion

virus

Virus

HIV / AIDS

HIV / AIDS

obat

Medizin

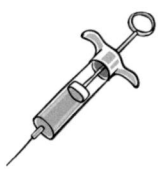

vaksinasi

Impfung

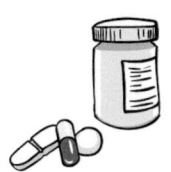

tablet

Tabletten

pil

Pille

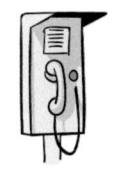

panggilan darurat

Notruf

ukur tekanan darah

Blutdruck-Messgerät

sakit / sehat

krank / gesund

Tolong!

Hilfe!

alarm

Alarm

penyerbuan

Überfall

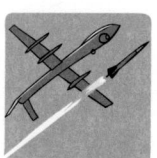

serangan

Angriff

bahaya

Gefahr

pintu darurat

Notausgang

Api!

Feuer!

alat pemadam kebakaran

Feuerlöscher

kecelakaan

Unfall

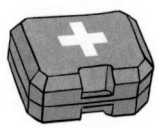

kit pertolongan pertama

Erste-Hilfe-Koffer

SOS

SOS

polisi

Polizei

Eropa

Europa

Amerika Utara

Nordamerika

Amerika Selatan

Südamerika

Afrika

Afrika

Asia

Asien

Australi

Australien

Atlantik

Atlantik

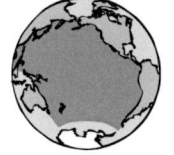

Pasifik

Pazifik

Samudra India

Indischer Ozean

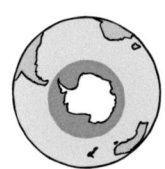

Samudra Antartika

Antarktischer Ozean

Samudra Arktik

Arktischer Ozean

kutub utara

Nordpol

kutub selatan

Südpol

Antarktika

Antarktis

bumi

Erde

tanah

Land

laut

Meer

pulau

Insel

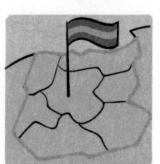

bangsa

Nation

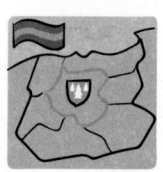

negara

Staat

jam wajah

Zifferblatt

jarum pendek

Stundenzeiger

jarum menit

Minutenzeiger

jarum detik

Sekundenzeiger

Jam berapa?

Wie spät ist es?

hari

Tag

waktu

Zeit

sekarang

jetzt

jam digital

Digitaluhr

menit

Minute

jam

Stunde

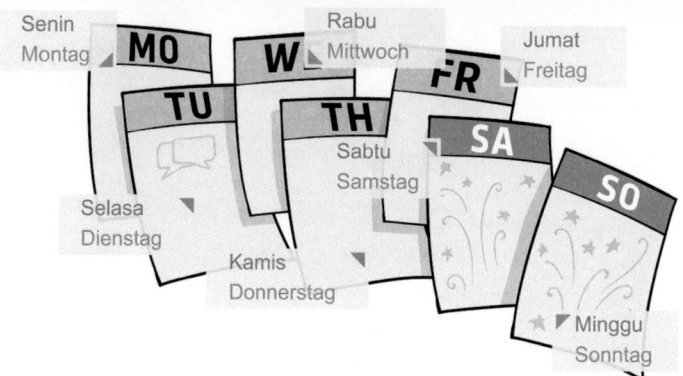

kemaren

gestern

hari ini

heute

besok

morgen

pagi

Morgen

siang

Mittag

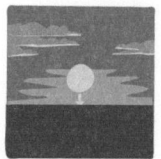

malam

Abend

MO	TU	WE	TH	FR	SA	SU
1	2	3	4	5	6	7
8	9	10	11	12	13	14
15	16	17	18	19	20	21
22	23	24	25	26	27	28
29	30	31	1	2	3	4

hari kerja

Arbeitstage

MO	TU	WE	TH	FR	SA	SU
1	2	3	4	5	6	7
8	9	10	11	12	13	14
15	16	17	18	19	20	21
22	23	24	25	26	27	28
29	30	31	1	2	3	4

akhir minggu

Wochenende

hujan
Regen

pelangi
Regenbogen

salju
Schnee

angin
Wind

musim semi
Frühling

musim gugur
Herbst

musim panas
Sommer

musim dingin
Winter

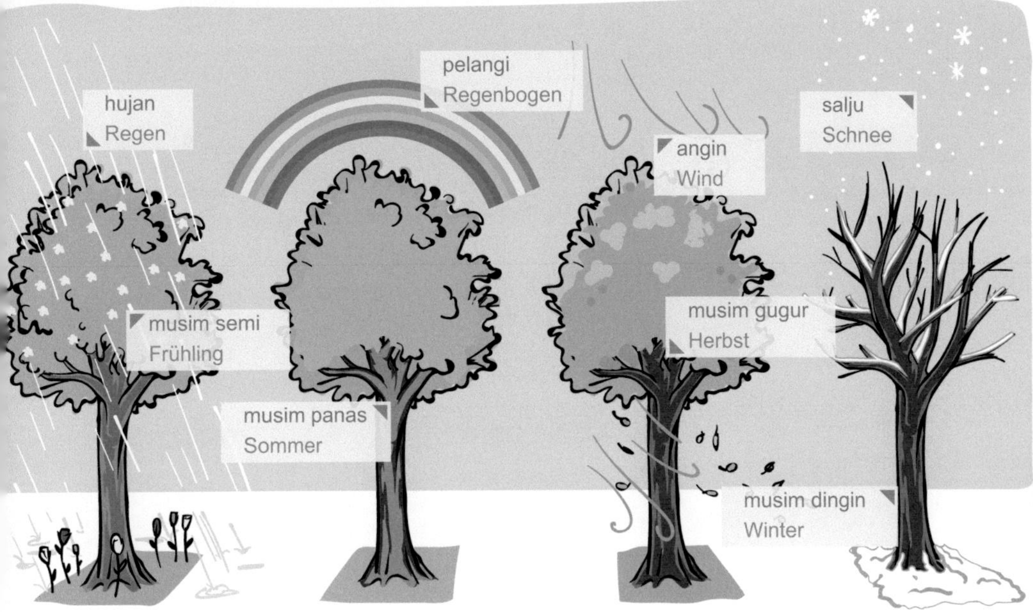

ramalan cuaca

Wettervorhersage

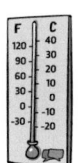

termometer

Thermometer

matahari

Sonnenschein

awan

Wolke

kabut

Nebel

kelembahan

Luftfeuchtigkeit

kilat

Blitz

guntur

Donner

badai

Sturm

hujan es

Hagel

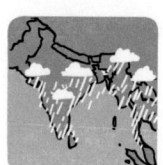

monsun

Monsun

banjir

Flut

es

Eis

Januari

Januar

Februari

Februar

Maret

März

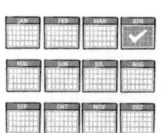

April

April

Mei

Mai

Juni

Juni

Juli

Juli

Agustus

August

September

September

Oktober

Oktober

November

November

Desember

Dezember

bentuk
Formen

lingkaran

Kreis

persegi

Quadrat

persegi panjang

Rechteck

segi tiga

Dreieck

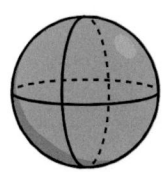

bola

Kugel

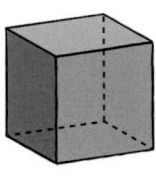

kubus

Würfel

putih

weiß

kuning

gelb

oranye

orange

pink

pink

merah

rot

ungu

lila

biru

blau

hijau

grün

coklat

braun

abu-abu

grau

hitam

schwarz

banyak / sedikit

viel / wenig

marah / tenang

wütend / friedlich

cantik / jelek

hübsch / hässlich

mulaih / selesai

Anfang / Ende

besar / kecil

groß / klein

terang / gelap

hell / dunkel

saudara laki-laki / saudara perempuan

Bruder / Schwester

bersih / kotor

sauber / schmutzig

lengkap / tidak lengkap

vollständig / unvollständig

hari / malam

Tag / Nacht

mati / hidup

tot / lebendig

luas / sempit

breit / schmal

dapat dimakan / tidak dapat dimakan
genießbar / ungenießbar

jahat / baik
böse / freundlich

bersemangat / bosan
aufgeregt / gelangweilt

gemuk / kurus
dick / dünn

pertama / terakhir
zuerst / zuletzt

teman / musuh
Freund / Feind

penuh / kosong
voll / leer

keras / lembut
hart / weich

berat / enteng
schwer / leicht

lapar / haus
Hunger / Durst

sakit / sehat
krank / gesund

ilegal / legal
illegal / legal

cerdas / bodoh
intelligent / dumm

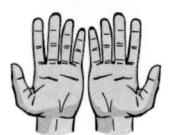

kiri / kanan
links / rechts

dekat / jauh
nah / fern

baru / bekas

neu / gebraucht

tidak ada apapun / sesuatu

nichts / etwas

tua / muda

alt / jung

nyala / mati

an / aus

buka / tutup

offen / geschlossen

tenang / keras

leise / laut

kaya / miskin

reich / arm

benar / salah

richtig / falsch

kasar / halus

rau / glatt

sedih / gembira

traurig / glücklich

pendek / panjang

kurz / lang

pelan-pelan / cepat

langsam / schnell

basah / kering

nass / trocken

hangat / sejuk

warm / kühl

perang / damai

Krieg / Frieden

0

nol
null

1

satu
eins

2

dua
zwei

3

tiga
drei

4

empat
vier

5

lima
fünf

6

enam
sechs

7

tujuh
sieben

8

delapan
acht

9

sembilan
neun

10

sepuluh
zehn

11

sebelas
elf

12

duabelas

zwölf

13

tigabelas

dreizehn

14

empatbelas

vierzehn

15

limabelas

fünfzehn

16

enambelas

sechzehn

17

tujuhbelas

siebzehn

18

delapanbelas

achtzehn

19

sembilanbelas

neunzehn

20

duapuluh

zwanzig

100

seratus

hundert

1.000

seribu

tausend

1.000.000

juta

million

Inggris

Englisch

bahasa Inggris Amerika

Amerikanisches Englisch

bahasa Cina Mandarin

Chinesisch Mandarin

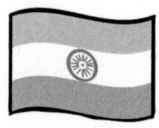

bahasa Hindi

Hindi

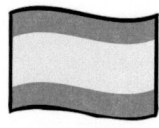

bahasa Spanyol

Spanisch

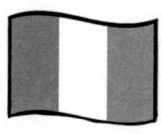

bahasa Perancis

Französisch

bahasa Arab

Arabisch

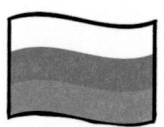

bahasa Rusia

Russisch

bahasa Portugis

Portugiesisch

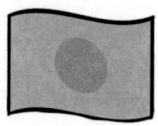

bahasa Bengal

Bengalisch

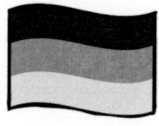

bahasa Jerman

Deutsch

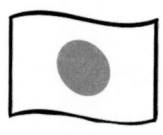

bahasa Jepang

Japanisch

saya

ich

kamu

du

dia

er / sie / es

kita

wir

kalian

ihr

mereka

sie

siapa?

wer?

apa?

was?

begaimana?

wie?

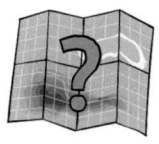

dimana?

wo?

kapan?

wann?

nama

Name

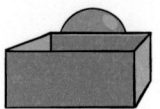

dibelakang

hinter

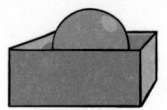

di

in

didepan

vor

diatas

über

diatas

auf

dibawah

unter

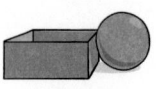

sebelah

neben

di antara

zwischen

tempat

Ort